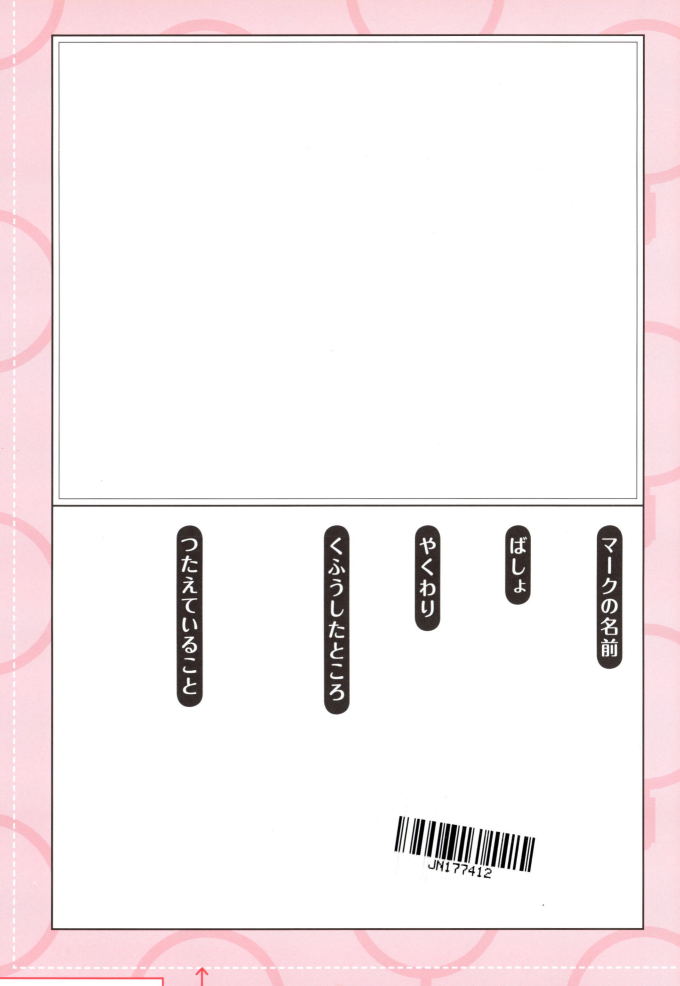

さがしてみよう！まちの記号とマーク ③

交通の記号とマーク

小峰書店編集部　編・著

小峰書店

もくじ

\記号とマークをさがそう!/

シーン1 道路 ……… 4
- 道路で見つけた記号とマークのやくわりとくふう ……… 6
- 🔍ズームイン 交通標識 ……… 8
- 🔍ズームイン 高速道路の案内標識 ……… 14
- 🔍ズームイン 道路にかかれた標示 ……… 15
- 🔍ズームイン 車の運転席にあるマーク ……… 16

シーン2 駅 ……… 18
- 駅で見つけた記号とマークのやくわりとくふう ……… 20
- 🔍ズームイン 駅の中にあるマーク ……… 22
- 🔍ズームイン 電車内とホームにあるマーク ……… 24
- 🔍ズームイン 駅のまわりにあるマーク ……… 26

シーン3 空港 ……… 28
- 空港で見つけた記号とマークのやくわりとくふう ……… 30
- 🔍ズームイン ルートや施設を案内するマーク ……… 32
- 🔍ズームイン 飛行機の中のマーク ……… 34

記号とマークのQ&A ……… 36

さくいん ……… 38

この本の読み方

1 記号とマークをさがそう！

● ここに書かれた記号とマークが、絵の中のどこにあるか、さがしてみよう。

2 見つけた記号とマークの、やくわりとくふうを見てみよう！

● 「ここにあったよ！」を見ると、前のページの「こんな記号とマークがあるよ！」の答えがわかるよ。

● 記号とマークのくわしい紹介の部分だよ。「やくわり」と「くふう」、「つたえていること」を説明しているよ。

ピンク色は会社のマークを表します。

● 「さがしてみよう！」では、このマークがあるほかのページを紹介しているよ。

3 ズームインのページ

● このシーン（ここでは駅）にある記号とマークをくわしく説明するページだよ。同じようなやくわりをもつ記号とマークを集めているので、記号とマークがどんなふうに役に立っているのかが、よくわかるよ。

ほかにどんな記号とマークがあるか、自分でさがしてみよう！

記号とマークをさがそう！

シーン1　道路

みんなが安全に道路を利用するために、たくさんの交通標識があります。

とくに、車を運転する人が事故をおこさないように、運転者向けの標識が多くあります。いくつくらい、見つけられるでしょうか？

ふつうの道路だけでなく、高速道路にしかない案内標識もあります。

こんな記号とマークがあるよ！

あ　青を赤い丸でかこみ、赤いななめ線がついた標識がある。

い　青い標識で、バスの絵がかいてある。

う　緑色と黄色のマークをつけた車がいる。

え　車道のはしに、自転車の絵がいくつもかいてある。

お　町の名前の標識に、絵がかいてある。

か　横長で、青地に左向きの白い矢印がついた標識がある。

き　おとなと子どもが歩いている絵の、青い丸の標識がある。

シーン1 道路で見つけた記号とマークの やくわり と くふう

ここにあったよ！

13ページを見てみよう！

15ページを見てみよう！

13ページを見てみよう！

17ページを見てみよう！

4巻28ページを見てみよう！

あ 駐車禁止

やくわり 8時から20時（午後8時）の間は、この道路に車をとめてはいけないと知らせます。

くふう 青を赤い丸でかこみ、赤いななめの線がついています。数字は、時間を表します。

つたえていること 赤いななめの線は、「禁止」の意味です。ここが「駐車禁止」の場所だとつたえています。

い 路線バス等優先通行帯

やくわり ここは路線バスなどが優先して通行する通行帯（車線）です、と知らせます。

くふう 色は青です。下を向いている矢印は、この通行帯がバス優先だという意味です。

つたえていること バスが後ろにいたら、ほかの車はすぐに、通行帯から出て、道をゆずらなければなりません。

う 初心者マーク

え 自転車ナビマーク

やくわり 自動車運転免許を取って、1年たっていない人が運転する車だと知らせます。

くふう 緑色と黄色で、新しくわかい葉を表します。「若葉マーク」ともよばれます。

つたえていること まわりのドライバーに、初心者が運転する車なので、わざと車をよせたり、わりこんではいけないとつたえます。正式には「初心運転者標識」といいます。

やくわり 車道で、自転車が進むべき方向と、安全に通行できる場所をしめしています。

くふう 自転車に乗った人の絵の上に、矢印がえがかれています。

つたえていること 自転車は歩道ではなく、車道の左はしのこの部分を、矢印の方向へ進みましょうとつたえています（15ページの「自転車専用」の道路標示も見てみよう）。

お カントリーサイン

か 一方通行

やくわり 道路わきに立っていて、「ここから先は○○町（市）である」ということを知らせます。

くふう 見どころ、名産品、自然現象など、その市や町の特色を表す絵です。

つたえていること 車の運転者に、自治体（市区町村）が変わったことをつたえます。また、「○○町へようこそ、ここはよい場所ですよ」とつたえています。

やくわり 車は、この矢印の方向にしか進めません、と知らせます。

くふう 色は青です。青は「指示」の意味をもっています。横に長い形の交通標識はこれだけなので、見たとたんに一方通行の道だとわかります。

つたえていること 車が安全にすれちがうことができない細い道に、よく見られます。

き については次のページでくわしく説明しています。

ズームイン 交通標識

青の丸 基本は青で、丸い形

青は、はっきりと見やすい色なので、車の運転者に、大切な情報を正しくつたえるのにぴったりです。また、人の気持ちを落ちつかせる色なので、落ちついて指示にしたがってくださいとつたえます。丸い形は、じっさいよりも大きく見えるので、とくに注意が必要な標識は、丸い形をしています。

歩行者と自転車しか通行できない道。車が入れないよう、入り口に柵などが立てられている場合もある。

き 歩行者専用

やくわり 歩行者専用の道路だと知らせます。
くふう 色は青。おとなと子どもが手をつないで歩いている絵です。
つたえていること 青い標識には「〜してください」という指示の意味があります。ふたりの絵の組み合わせですべての歩行者を表し、自転車をふくむすべての車は、通行できないとつたえています。

自動車専用
この道路を通行できるのは自動車だけ。多くの車が通行する大きな道路などで見られる。

警笛鳴らせ
車の運転者に、警笛を鳴らすように指示する。山の中など、先が見えにくい道で見かける標識。

環状交差点での右回り通行
信号機のないドーナツ状の交差点で、右回りに走るよう指示する。交差点へ入ってきた車はすべて右回りして、ほかの道へ入る。

信号機のない環状交差点。

赤いななめ線

「禁止」は赤いななめ線

赤は、いちばん目立つ、強い色です。禁止されていることをつたえるなど、命を守るためにぜったいに見落としてはならない標識に使われています。

禁止の標識に、✕よりもななめ線を使うことが多いのは、絵のかくれる部分が少なく、見やすいためです。

駅前広場へつづく道に、車両通行止めの標識が立っている。タクシーや路線バスが駐車できるように、ふつうの車は入れないようにしてある。

車両通行止め

やくわり 自転車をふくむすべての車が、通行してはいけない道だと知らせます。

くふう 色は赤。赤い丸にななめの線があり、中には絵はありません。

つたえていること 自転車、バイク、自動車など、すべての車両が通行できません。工事中の道や、歩行者天国でよく見られます。

自転車通行止め
自転車は通行できないことをしめす。自転車が通れないトンネルなどに立てられている。

転回禁止
車は転回（Uターン）してはいけないことをしめす。交差点などで見かける標識。

歩行者横断禁止
歩行者は、道路をわたってはいけないことをしめす。車の多い大通りなどに立てられている。

この標識が立っている道路は、横断歩道でしか横断してはいけない。

黄色い四角 「警戒」をつたえる

「注意して」と車の運転者につたえる標識は、黄色と黒を使っています。この色の組み合わせは、まわりにどんな色があっても目立ちます。この色の交通標識は、強い注意をよびかけます。

また、角を下にした不安定な形は、見たとたんに、「あぶない！」と思わせます。

電車の絵の標識で、この先に踏み切りがあるので注意、とよびかけている。

踏み切りあり

やくわり 車の運転者に、この先に踏み切りがあるので注意して、とよびかけます。

くふう 黄色に黒で、電車の絵がかかれています。形は、角を下にした四角形です。

つたえていること 踏み切りがあることに気がつかないでそのまま進むと、電車とぶつかるかもしれません。とても危険です。かならず、踏み切りの手前でいったん止まりましょう、とつたえています。

「踏み切りあり」の標識には、蒸気機関車の絵のものもある。

注意して！ とつたえるハチの色

黄色と黒の組み合わせは、自然の中でも見られる色です。たとえばハチは、この色の体で、「近よると針でさすぞ、危険だぞ」とつたえています。警戒標識の色も、これと同じ意味をもっています。

道路工事中
工事をしている作業員の絵で、この先で道路工事をしているので注意、とよびかけている。

横風注意
この道は風が強くふくので注意、とつたえている。絵は「ふき流し」とよばれ、風の向きや強さがわかるように立てられるもの。

学校、幼稚園、保育所などあり
すぐ近くに、学校や幼稚園、保育所などがあるので子どもに注意、とよびかけている。

すべりやすい
この先の道路はすべりやすいので注意、とよびかけている。山道や橋、冬に路面がこおる道によく見られる。

信号機あり
この先に信号機があるので注意、とよびかけている。曲がっている道など、信号が遠くから見えにくい場所で見られる。

十字交差点あり
この先に、十の形に道が交わった交差点があることをしめす。交差点の手前から30〜120mくらいの場所にある。

動物が飛び出すおそれあり
道に野生のシカがいきなり飛び出すことがあるので注意、とつたえている。ほかの動物の標識もある。

いろいろな「動物が飛び出すおそれあり」

「動物が飛び出すおそれあり」の標識には、地域によっていろいろな動物がえがかれています。あなたの住んでいる町には、どんな標識がありますか？ さがしてみましょう。

馬（北海道）

ヤンバルクイナ（沖縄県）

タヌキ（東京都）

五角形は「歩行者優先」

五角形の交通標識は、「歩行者・自転車優先」を表しています。車の運転者に、歩行者や自転車が横断するための横断帯があるので注意しなさい、わたろうとする人がいたら車を止めなさい、とつたえています。

歩行者が道をわたるための、横断歩道があることをしめす標識。遠くから見えるように、高いところにある。

横断歩道

やくわり 歩く人が道をわたるための、横断歩道があることを知らせます。

くふう 色は、指示の意味をもつ青です。横の2本線が、横断歩道を表します。歩く兄と妹の子どもふたりが、横向きでかかれています。

つたえていること 横断歩道をわたろうとしている歩行者がいないか、注意しなさいとつたえています。歩行者がいたら、車は止まらなくてはなりません。ふたりの子どもの絵の標識は、学校や保育所のそば、子どもがよく通る道で見られます。

横断歩道

横断歩道があることを知らせる標識。とくに子どもが多い場所ではない場合は、この絵の標識がある。

横断歩道・自転車横断帯

歩行者と自転車が横断できる場所があることをしめす。大きな交差点などで、よく見られる。

自転車横断帯

自転車が横断できる場所があることをしめす。片側に数車線あるような、はばの広い道路でよく見られる。

数字のある標識

駐車できる場所のある道路。時間制限駐車区間の標識が立っている。

交通標識には、数字が書きこまれたものもよく見られます。同じようなデザインで、ちがう意味をつたえる場合は、数字の下に線をひいたり、数字の大きさや太さを変えたりして、ちがいを出しています。

時間制限駐車区間

やくわり この場所は、8時から20時（午後8時）まで、60分間以内であれば、車をとめておくことができると知らせています。

くふう Pは「Parking（駐車）」の頭文字で、大きく表されています。アルファベットと数字と漢字がありますが、大きさと太さを変えているので、ごちゃごちゃせず、見やすくできています。

つたえていること ここは、時間によっては駐車ができる場所だとつたえています。

最高速度
時速50kmまでしか出してはいけないことをしめす。数字は出してよい最高速度を表し、30や40などもある。

最低速度
時速30km以上を出さなくてはならない道。数字の下の青い線で、最高速度の標識と反対の意味を表している。

国道番号
国が管理する「国道」をしめす。まん中の数字が国道の番号。およそ1kmごとに立てられている。

都道府県道番号
都道府県が管理する道をしめす。数字は都道府県道の番号。六角形と決められていて、およそ1～2kmごとにある。

ズームイン 高速道路の案内標識

緑色の標識 高速道路の案内は緑色!

高速道路の標識は、緑色と決められている。

一般道路の案内標識が青い色なのに対して、高速道路などの有料道路の案内標識は、緑色と決められています。

一般道路とは交通ルールがちがうので、ぱっと見て「ここは高速道路だ」とわかるようにするためです。

高速道路の入り口

やくわり 一般道路で、高速道路への入り口を案内します。

くふう 緑と白の2色を、上と下で反対に使って、高速道路の名前（上）と、行き先の地名（下）を知らせます。英語でも書いてありますが、すっきりと見やすい標識です。

つたえていること まもなく高速道路の入り口です、とつたえます。運転者が見落とさないよう、高速道路の入り口の2kmくらい手前から見られます。

非常駐車帯

事故や車の故障などがあったときに、車をとめることができる場所をしめす。この標識は、駐車帯がある場所の、数百m手前にある。

サービスエリア

サービスエリア（休憩所）を案内する。絵で、ガソリンスタンドや飲食店があることをしめしている。左上のPは駐車場があることをしめす。

非常電話

非常用の電話があることをしめす。この電話は、道路管制センターにつながるので、事故などがおきている場所が自動的にわかるようになっている。

ズームイン 道路にかかれた標示

道路の標示 道路標示は遠くからも見やすく！

立ててある標識だけでは、運転者が気づきにくいこともあります。そこで、標識といっしょに、道路にも大きな文字が書かれています。車の運転者が、はなれた場所から読めるように、細長く書いてあるのが特徴です。

自転車だけが走ることができる専用の道。進む方向へ矢印があり、「自転車専用」と書いてある。7ページの自転車ナビマークとはちがい、この道を車やバイクなどの車両が通ることはできない。

止まれの道路標示

やくわり この標示の先にある停止線で、自転車をふくむ車両は、停止しなければならないと知らせます。

くふう 太い白の文字で、手前から見て3文字全部が見えるよう、たてに細長く書いてあります。

つたえていること 赤い一時停止の標識だけでは見落としてしまうかもしれないので、道路にも書いてあります。ぜったいに止まらなければいけない場所です。

横断歩道
歩行者が横断する場所をしめす。白い帯と、ぬっていない部分をかわるがわるならべることで、目立つ表示になっている。

速度制限の標示
時速30km以上のスピードを出してはいけないことをしめす。黄色で、強く注意をしている。

車線の進行方向
交差点に入る前に、進行方向の矢印がある車線へ、車を進めるようにしめしている。右や左へ曲がる車が、交通渋滞をひきおこさないためのくふう。

ズームイン 車の運転席にあるマーク

安全運転 運転にかかせないマーク

さまざまなスイッチがある運転席。だれが見ても何のスイッチかわかるように、マークがつけられている。

　安全に車を運転するためのマークがあります。たとえば、ブレーキがきかないなど、装置に問題があるときに、マークが光って運転者に知らせます。黄色に光ったら注意、赤く光るとあぶないので走れません、という意味です。

　外国のどこの国でも安全に車を運転できるように、世界中で同じマークが使われています。方向指示器やハイビームなどのマークも、世界共通です。

燃料警告灯

やくわり 燃料（ガソリン）の残りの量が少なくなったときに、光って知らせます。

くふう ガソリンスタンドの給油機器の絵です。黄色く光ります。

つたえていること もうすぐ燃料がなくなるので、できるだけ早く燃料を入れるように注意します。

ハンドルのおくの計器に表示される、警告灯。

EV車（電気自動車）にある、バッテリーの残りが少ないことを知らせるマーク。ホースの先がコンセントの形。

EV車にある、バッテリーの残りの量がかなり少ないときに光るマーク。すぐに充電するように注意する。

装置に問題があると知らせるマーク

ブレーキ警告灯
サイドブレーキがかかったままのときや、ブレーキが故障したときに、赤く光って知らせる。

シートベルト警告灯
運転席と助手席のシートベルトがしめられていないときに、赤く光って知らせる。

ドア警告灯
ドアがきちんとしまっていないときに、赤く光って知らせる。

エアバッグ不具合警告灯
エンジンをかけると光り、エアバッグの準備ができていればすぐに消える。危険がある場合は消えず、走行中につくこともある。

運転するときに使うマーク

ホーン
クラクションを鳴らして、ほかの車や歩行者に「あぶない」と知らせる。

ハザードウォーニング
停車するときにウインカーを点滅させて、後ろからくる車に危険を知らせる。

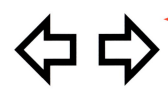
方向指示器
左に曲がる、もしくは右に曲がることを、後ろを走る車に知らせる。

ハイビーム
車の前方をてらす、ライトのスイッチ。地面よりも上のほうをてらすので、100m先までてらせる。

4種類の運転者マーク ▶

このようなステッカーをはっている車を、見たことがありますか？ まわりの運転者に気づかってもらう必要がある運転者が、車につけるマークです。これらの車に対して、車をわざと近づけたり、わりこんだりすると、違反になります。

運転を始めて1年たっていない人がつける初心者マーク。

70歳以上の人がつける高齢者マーク。

耳に障がいがある人がつける聴覚障がい者マーク。

体に障がいがある人がつける身体障がい者マーク。

記号とマークをさがそう！

シーン2 駅(えき)

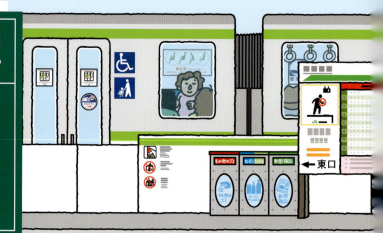

駅は、毎日多くの人が利用する場所です。ほかの路線に乗りかえたり、駅からバスやタクシーを利用したり、目的地までの通過点にもなります。

たくさんの人が駅を安全に使えるように、いろいろなマークが活やくしています。

こんな記号とマークがあるよ！

あ 駅名の前に、緑色のマークがついている。

い 緑色の、座席にすわった人の絵がある。

う 赤と青の人型のマークがある。

え 電車の車両の外側、ドアの近くに、ベビーカーをおす人の絵の青いマークがある。

お 駅を出たところに、青い車の絵のマークがある。

か ホームのごみ箱に3種類のマークがある。

き きっぷ売り場に、機械からきっぷをとり出す人の絵のマークがある。

く 改札口の近くとホームに、歩く人の手元に赤い丸にななめ線のついた絵がある。

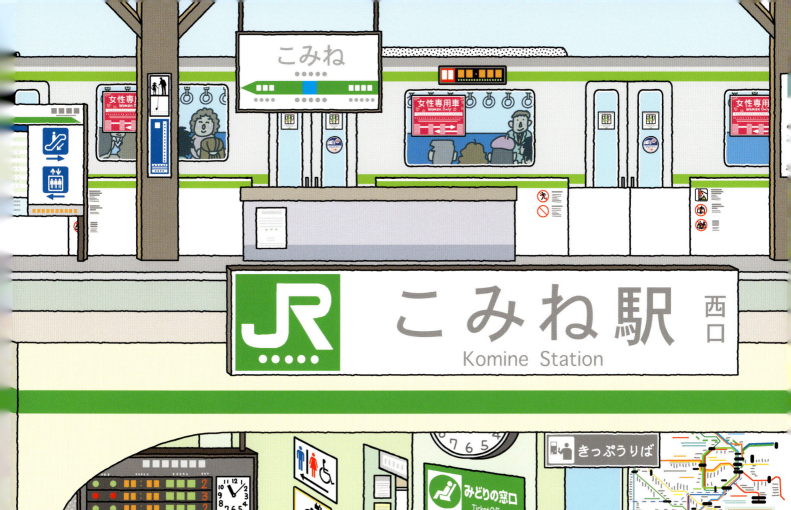

シーン2 駅で見つけた記号とマークの やくわり と くふう

ここにあったよ！

25ページを見てみよう！
23ページを見てみよう！
24ページを見てみよう！
25ページを見てみよう！
25ページを見てみよう！
23ページを見てみよう！

JR東日本

あ 鉄道会社のマーク

やくわり JR東日本という鉄道会社のシンボルマークです。

くふう JRはJapan（日本）とRailways（鉄道）の頭文字をつなげたものです。2文字をつなげて、1本につながっているレールを表しました。

つたえていること JRは全国に7社あり、それぞれにマークの色がちがいます。緑色のマークは、「JR東日本」だとつたえています。

い みどりの窓口

やくわり JRのきっぷ（乗車券）を販売する窓口を案内します。

くふう 色は緑色です。列車の座席にゆったりとすわる人の絵で「座席」を表します。

つたえていること 駅員が販売する窓口です。全国のJRのおもな駅にあり、指定席券や特急券、定期券、回数券、一日乗車券などを買うことができます。

う トイレ

やくわり トイレを案内します。男女別で、障がいのある人も使えるトイレだと知らせます。

くふう 女性トイレを赤でスカートをはいた形、男性トイレを青でズボンをはいた形で表しています。車いす（国際シンボルマーク・くわしくは4巻28ページ）の絵は、障がいがある人も入れるトイレを表します。

つたえていること だれでも使えるトイレです、とつたえています。

え ベビーカーマーク

やくわり 電車やバスの中で、ベビーカーをおりたたまずに、そのまま乗車できることを知らせます。

くふう 子どもが前向きに乗ったベビーカーを、後ろからおすおとながえがかれています。

つたえていること 多くの場合、車いすのマーク（国際シンボルマーク）とならべてはってあります。場所をふさぐことを気にせず、どうぞ乗ってください、とつたえています。

🔍 **さがしてみよう!** ベビーカーマークはほかにもあるよ！
（4巻17ページを見てみよう！）

お タクシー乗り場

やくわり 駅の前にある、タクシー乗り場を案内します。

くふう 青い色のマークです。英語で「TAXI」と書いてある下に、車の絵があります。

つたえていること タクシーが停車していなくても、ここで待っていれば空のタクシーがやってくるのでお待ちください、とつたえています。

か ごみ箱の分別表示

やくわり どのごみを、どのごみ箱に入れたらよいかを知らせます。

くふう かん、びん、ペットボトルなどの飲み物の容器の絵と、紙くずをすてている絵、雑誌や新聞などの古紙の絵があります。

つたえていること 飲み物の容器と古紙は、リサイクルするので、そのほかのごみとは分けてすててください、とつたえています。

きく については次のページから先で説明しています。

ズームイン 駅の中にあるマーク

案内のマーク きっぷを買う場所はこちら

駅には、いろいろな案内表示があります。電車に乗りたい人は、まずはきっぷを買って、改札口を入り、階段やエレベーターなどを使って、目的のホームまで行きます。駅の案内表示が、それぞれの場所へ案内します。

小さな子どもや、外国の人にも、マークを見ただけでどこへ行けばよいかがわかるようにしてあります。

駅の改札口の外にあるきっぷ売り場（上）。定期券を買ったり、ICカードのチャージ（入金）もできる。改札口の中にある精算機の上にも、きっぷ売り場と同じマークがつけられている（左）。

き きっぷ売り場

やくわり きっぷ売り場の場所を案内します。

くふう きっぷの販売機と、その手前にきっぷを持った人がいる絵です。

つたえていること ここで、きっぷ（乗車券）や定期券、回数券を買ったり、ICカードへの入金をしたりできることを知らせています。

東京駅の天井にとりつけられた案内表示。たくさんのマークが使われている。

階段あり
上り・下りの階段があることをしめす。

エレベーターあり
エレベーターがあることをしめす。

落とし物あずかり所
落とし物をあずかっている場所をしめす。

エスカレーターあり
上向きの矢印で、上りのエスカレーターがあることをしめす。

新幹線
新幹線の乗り場を案内する。東北新幹線は緑色、東海道新幹線は青など、ちがう色を使っている。

待合室
電車がくるまで時間があるときに、待つ場所をしめす。

自動改札機のマーク
ICカード用の改札機（右）と、きっぷ用の改札機（左）。それぞれ、ちがいがわかるようにマークがついている。

東京の地下鉄の表示 ▶

東京には、13の地下鉄の路線があります。たくさんあるので、見分けやすいように、それぞれに色と記号が決めてあります。

丸ノ内線池袋駅

千代田線霞ヶ関駅

東西線高田馬場駅

左から、丸ノ内線、千代田線、東西線のマーク。アルファベットは、路線をローマ字で書き表したときの頭文字。数字は駅ごとにわりあてられていて、どの駅かがわかる。

ズームイン 電車内とホームにあるマーク

駅の安全 乗客の安全のために

　駅や電車は、たくさんの人が利用するので、マナーを守って乗らないと、思わぬ事故がおこりやすい場所です。そこで、乗客に注意をよびかけるためにマークが使われています。

　また、乗客の中には、障がいや病気をもっていたり、けがをしていたりするなど、手助けが必要な人もいます。そのような人たちを気づかいましょう、とマークでつたえています。

電車のドアには、外から見えるように、かけこみ乗車防止のステッカーがはってある。

かけこみ乗車防止ステッカー

やくわり 乗客に、発車まぎわの電車にかけこむのは危険です、と注意をします。

くふう しまりかけのドアに向かって、かけこむ人の絵です。赤い矢印が、しまりかけのドアを表します。

つたえていること 急いで乗りこむと、体をドアにはさまれてけがをしたり、そのために電車がおくれたりします。ドアがしまりそうなときは、急がずに、次の電車を待ってくださいとつたえます。ドアの外側から見えるようにはってあります。

引きこまれ防止ステッカー

←電車のドアが開くときに、すきまに指が引きこまれないよう、ドアにはってある注意ステッカー。

優先席のステッカー

←優先席のステッカー。この席は、けがをしている人やお年より、妊娠中の女の人、赤ちゃんをつれた人などが優先。

歩きスマホ注意のマーク

←ホームで歩きながらスマホを見たり、操作したりするととても危険だ、と注意するポスターの絵。下を向いて歩く人の手元に、赤い丸になめ線の禁止マークがついている。

女性専用車のステッカー

↑朝や夕方の混雑する時間帯などに、電車の一部の車両が、女性専用となる。その車両の窓ガラスにはってあるステッカー。

落とし物をひろう道具入れ

↑ホームにある、線路への落とし物をひろう道具入れについている絵。自分で線路におりると危険なので、かならず駅員にひろってもらうように注意している。

ホームドアの注意ステッカー

↑地下鉄や一部の鉄道には、線路への転落防止用ドアがある。ドアから身を乗り出したり、荷物を立てかけたりしないように注意している。

非常停止ボタン

↑ホームにある電車の緊急停止ボタン。線路に人が落ちたときなどに、ここをおして駅員に知らせる。

ズームイン 駅のまわりにあるマーク

青いマーク 歩行者向けは、青い色

駅の近くでは、青いマークの標識がよく見られます。これらは、歩行者向けに立てられた案内標識です。

案内標識は、駅から出てきた歩行者が見つけやすい場所に立てられています。また、体の不自由な人やお年よりが、車いすに乗ったままでも見やすいように、低めの場所にとりつけられるようになってきています。

駅へ向かう道にある、歩行者向け案内標識。矢印で、方向と距離もしめしてある。地図といっしょになっているので、わかりやすい。

◀ 鉄道・駅の案内標識

やくわり 鉄道や、駅を案内します。
くふう 正面から見た電車と、線路の絵を組み合わせています。
つたえていること 歩いていける距離に、駅がありますとつたえます。右上の写真のように、矢印といっしょに表示されていて、駅の方向と駅までの距離を案内していることが多いです。

地下鉄のマークは、電車の上に丸いトンネルがえがかれている。

路面電車の停留所を案内する標識。

乗合自動車停留所
右の方向に、バス乗り場があることを知らせる。

路面電車停留所
右の方向に、路面電車の停留所があることを知らせる。

※ 表示に「でんしゃのりば」とある場合、鉄道ではなく路面電車の停留所をしめす。

目的地への方向と距離
日比谷公園までは、右の方向に500mだと知らせる。国際シンボルマーク（くわしくは4巻28ページ）をつけて、車いすでも行きやすい道だと知らせている。外国の人もわかるように、英語でも書いてある。

案内標識にあるいろいろな絵 ▶

歩行者用の案内標識には、案内する施設や名所をわかりやすい絵にしているものもあります。どんな絵が見つかるでしょうか？

傾斜路（スロープ）
右の方向に、車いすやベビーカーが通行するための、スロープがあることを知らせる。

出典：道路の移動等円滑化整備ガイドライン

記号とマークをさがそう！

シーン3 空港(くうこう)

　空港は、世界中から人が集まる場所です。どの国の人でも意味がわかるように、世界共通のマークが多く使われています。

　また、空港には、いろいろな店や、乗りかえの交通機関など、あらゆる施設が集まっています。そのため、たくさんの案内用ピクトグラムを空港で見ることができます。

こんな記号とマークがあるよ！

- **あ** 遠くを双眼鏡で見ている人の絵のマークがある。
- **い** 大きな、「i(アイ)」の字のマークがある。
- **う** 機械に手をさしだす人の絵のマークがある。
- **え** お金(紙幣とコイン)の絵のマークがある。
- **お** さくらの花びらがちった、赤い丸の形のマークがある。
- **か** 飛行機の青い尾翼に、白いアルファベットのマークがある。
- **き** 飛び立つ飛行機の絵のマークがある。

シーン3 空港で見つけた記号とマークの やくわり と くふう

ここにあったよ！

あ　展望デッキ

やくわり　離陸したり着陸したりする飛行機を、見学できる場所を案内します。
くふう　双眼鏡で遠くを見る人の絵です。転落しないための柵があるので、高いところで見晴らしのよい場所であることがわかります。
つたえていること　飛行機がよく見えるように、空港の建物の高い階にあります。

い　総合案内所

やくわり　空港の、総合案内所をしめします。
くふう　「i」は、英語のinformation（情報）の頭文字です。
つたえていること　総合案内所は、飛行機の発着時刻や、運航状況、さがしているものについて教えてくれる場所です。空港でわからないことは、なんでも教えてもらえます。

う 自動チェックイン機

やくわり 機械で飛行機のチケットを買ったり、搭乗手続きをする場所をしめします。

くふう 機械と、そこに近づく人の絵が、組み合わせてあります。

つたえていること こちらの機械で、チケットの手配と搭乗手続きができます。窓口がこんでいるときなどは、自動チェックイン機が早くて便利です、とつたえます。

え 両替サービス

やくわり 通貨（お金）を、外国の通貨にかえてくれる場所を案内します。

くふう 四角い紙幣に、円のマーク（¥）と、ドル（$ アメリカの通貨）、ユーロ（€ ヨーロッパの国ぐにで使われている通貨）のマークのコインがあります。

つたえていること 円を、行き先の国の通貨に両替できることをつたえます。また、外国から持ち帰った通貨も、円に両替できます。

お 免税店

やくわり 税金がかからず買い物ができるお店を案内します。

くふう 色は赤です。外国からのお客さんが目をとめてくれるよう、さくらの花びらで日本らしさを表したデザインです。

つたえていること 外国から来たお客さんへ、税金がかからず安く買い物ができるお店はこちらです。おみやげをぜひ買ってください、とつたえています。

か 航空会社のマーク

やくわり 全日本空輸という航空会社のシンボルマークです。

くふう All Nippon Airways（全日本空輸）の頭文字を青色でまとめたデザインです。

つたえていること この会社は安全で便利な空の旅をご案内します、とつたえるシンボルマークです。飛行機や搭乗手続きのカウンター、乗務員の制服などにこのマークがあります。

き については次のページでくわしく説明しています。

ルートや施設を案内するマーク

空港の中 マークにしたがって移動する

広い空港の中では、乗客が目的の場所にまよわずに移動できるように、マークがたくさん使われています。日本語がわからない人にも、マークだけで案内ができるようなくふうがされています。

また、空港には、空港でしか見られないマークがたくさんあります。飛行機に乗って外国へ行くには、とくべつな手続きが必要だからです。

成田国際空港では、国内線の出発ロビーと国際線の出発ロビーを、白と黒を反対にしたマークで案内している。

国内 国内線 Domestic

国際 国際線 International

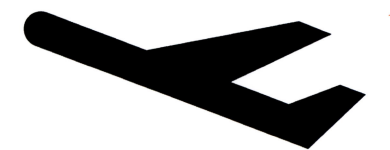

き 出発ロビー

やくわり 飛行機の出発ロビーや出発便を案内します。

くふう 下の横線が滑走路を表し、そこから飛び立つ飛行機をえがいています。

つたえていること 出発ロビーはこちらです。飛行機で出発の予定の人は、こちらへ進んでくださいとつたえます。

到着ロビーをしめすマーク。絵は滑走路に着陸する飛行機を表す。飛行機の機体の下にある黒丸は、着陸用の車輪。

関西国際空港にある案内板。乗客を案内するためのマークが、たくさん使われている。

空港・飛行機

空港の場所や方向をしめす。空港の近くの道路などの標識にも、ついている。

いくつものターミナルがある空港では、ターミナルごとに色を分けて、目的のターミナルまでの道すじをゆかにしめしている。空港のマークが使われている。

手荷物受取所

到着した乗客が、あずけた荷物を受け取る場所。ターンテーブル上の荷物に手をのばす人の絵。

乗りつぎ

べつの飛行機への乗りつぎをするための場所を案内する。飛行機から飛行機へと、手荷物を持った人が歩く絵。

待ち合わせ場所

待ち合わせるためによい場所を案内するマーク。あくしゅをするふたりの絵。

出国・入国審査

出国や入国の審査をする場所。パスポートを確認する審査官の絵になっている。

レンタカー

空港に到着したあとに、レンタカーをかりる場合のカウンターを案内する。

税関／保安検査

外国から日本へ持ちこんではいけないものなどを検査する場所。荷物の安全をたしかめる保安検査場にも使われる。

ホテル案内

ホテルを紹介するカウンターを案内する。

航空会社のマーク

航空会社は、それぞれシンボルマークを使っています。どんなものがあるでしょうか？会社のカウンターや、乗務員の制服など、いろいろなところに使われています。

日本航空（JAL）のマーク。　スカイマークのマーク。　ソラシドエアのマーク。

ズームイン 飛行機の中のマーク

機内 乗客の安全のために

乗客の安全と、飛行機が安全に飛行できるように、機内にはいろいろなマークが使われています。

離陸や着陸のときや、ゆれがはげしいときには、電子音とともに、乗客のそれぞれの頭上に「シートベルトを着用してください」のサインがつきます。乗客の安全を守るために、とても大切なサインです。

客席の上に光るサイン（下）。左は、シートベルト着用サインと禁煙サインがついたところ。

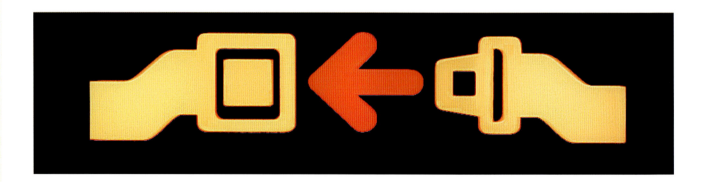

シートベルト着用サイン

やくわり シートベルトをしっかりとしめるように、乗客に注意します。

くふう 飛行機のシートベルトは、左右からベルトを引き出しておなかの上でバックル（金属のとめ具）をとめる方式です。バックルを差しこむ方向を、中央の赤い矢印でしめしています。

つたえていること シートベルトをしめてください。このサインがついているときは、けがをする危険があるので、席にもどってかならずしめるように、とつたえています。

離着陸時の電波発信禁止

スマホの機内モード画面（下）。このモードにしておけば、スマホが電波を発信することはない。

↑飛行機が離陸と着陸をするときは、携帯電話の電源は切らなくてはいけない。スマホは「機内モード」にすること。座席の前にある「安全のしおり」で説明されている。

非常口のマーク

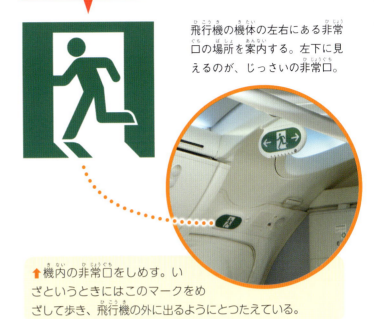

飛行機の機体の左右にある非常口の場所を案内する。左下に見えるのが、じっさいの非常口。

↑機内の非常口をしめす。いざというときにはこのマークをめざして歩き、飛行機の外に出るようにとつたえている。

脱出時ハイヒール・手荷物禁止

↑事故などの非常時に飛行機から脱出するときには、ハイヒールは禁止。はいている人は、ぬぐようにとつたえている。

↑脱出するときは、手荷物を持ってにげてはいけないとつたえる。女性のハンドバックの絵。

座席の前にある「安全のしおり」には、いろいろな注意することがのっている（左）。下は、脱出の方法を説明する日本航空の機内安全ビデオの場面。

モニターにもマークがいっぱい！

一人ひとりの座席に、モニターがついている飛行機もあります。音楽をきいたり、映画をみたり、ゲームをしたりもできます。それらの使い方が、マークでしめされています。

座席の前についているモニター。指でさわって次の画面に進む。

記号とマークのQ&A

Q1 マークの色の意味をくわしく教えて。

人は、何かを見たときには、形よりも先に、色から多くの情報を受け取ります。そのため色には、それぞれ大事な意味があります。マークの種類がちがっても、次のような共通の意味をもっています。

車両進入禁止の標識

防火水そうの標識

歩行者通行止めの標識

消火器の標識

赤は強く目立つ色です。危険があったり、人にめいわくをかけたりするおそれがある場合に、「〜してはいけません」という禁止を表します。通行止め、進入禁止などの標識がその代表です。
また、命を守るためのマークにも赤い色が使われます。防火水そうなど、防災設備のマークも赤い色です。ぜったいに見落としてはならないマークです。

横断歩道の標識

「しずかに」のマーク

目にやさしい青い色は、「落ちついて指示にしたがってください」とつたえる色です。「〜してください」という指示や、「〜はここです」という案内をしめします。交通標識では、「横断歩道あり」などの指示標識があります。「しずかに」のマークは、大きな音を出さないようにと注意しています。

道路工事中の標識

津波注意の標識

黄色と黒の色の組み合わせは、「あぶない、気をつけて！」と危険を知らせます。道路工事中や、津波注意などの標識がこれにあたります。まわりにどんな色があっても、目立つ色の組み合わせです。

工事現場の安全第一マーク

非常口のマーク

緑色はやすらぎを表す色で、安全や衛生に関係するマークによく使われます。たとえば、工事現場には緑色の安全マークがよく見られます。非常口や広域避難所のマークも、緑色です。

記号とマークについて学ぶときには、交通標識がよい参考になります。交通事故をおこさないように、道路ではいろいろな記号が使われ、くふうが重ねられてきたからです。交通に使われる記号を中心に、もっとくわしく見てみましょう。

Q2 交通標識は、変わることはないの？

交通標識や乗り物のマークも、時代が変わると、少しずつデザインが変わっていくものがあります。たとえば、「学校あり」の標識や、駅の新幹線乗り場を案内するマークなどが、わかりやすい例です。

1950（昭和25）年の「学校あり」の交通標識は、半ズボンの男の子が走っている絵でした。また、SCHOOL（学校）と英語も書いてあります。

新幹線がはじめて走ったのは1964（昭和39）年です。新幹線の形が新しくなるにつれてマークも変わっています。

「学校あり」の標識の変化。左から1950年、1963年のもの。

東海道新幹線のマークの変化。左から100系、300系、N700系。

A こたえ： 時代が変わると、交通標識も変わります。

Q3 オリンピックで交通標識が変わるって、ほんと？

変更が予定されている交通標識（目的地への方向と距離）の例。英語表記になったり、マークがくわえられたりする。

2020（平成32）年に、東京でオリンピック・パラリンピックが開かれます。大会には、外国からのお客さんがたくさんやってきます。そこで、外国の人にもわかりやすいように、交通標識が変わります。

たとえば、日本語をローマ字で書き表していたものは、英語になります。また、駅や空港などの大きな施設には、マークをくわえます。

オリンピックなどの世界中から人が集まる大きなイベントは、より多くの人にわかりやすいように、標識などが見直されるきっかけになります。

A こたえ： 外国の人にもわかりやすいように、変わります。

さくいん

項目が絵で表されている場合も、そのページをしめしています。

あ	
歩きスマホ注意のマーク	18、19、25
一方通行	5、7
エアバッグ不具合警告灯	17
エスカレーターあり	19、23
エレベーターあり	19、23、29
横断歩道	4、5、12、15、36
横断歩道・自転車横断帯	12
落とし物あずかり所	23
落とし物をひろう道具入れ	19、25

か

- 階段あり … 23
- かけこみ乗車防止ステッカー … 18、19、24
- 学校、幼稚園、保育所などあり … 11、37
- 環状交差点での右回り通行 … 8
- カントリーサイン … 5、7
- きっぷ売り場 … 19、22
- 空港・飛行機 … 33、37
- 傾斜路（スロープ） … 27
- 警笛鳴らせ … 8
- 航空会社のマーク … 28、31、33
- 高速道路の入り口 … 14
- 高齢者マーク … 5、17
- 国道番号 … 4、13
- ごみ箱の分別表示 … 18、21、28

さ

- サービスエリア … 14
- 最高速度 … 5、13
- 最低速度 … 13
- シートベルト警告灯 … 17
- シートベルト着用サイン … 34
- JR東日本のマーク … 19、20
- 時間制限駐車区間 … 13
- 自転車横断帯 … 12
- 自転車通行止め … 9
- 自転車ナビマーク … 4、5、7
- 自動改札機のマーク … 19、23
- 自動車専用 … 8
- 自動チェックイン機 … 28、29、31
- 車線の進行方向 … 5、15
- 車両通行止め … 9
- 十字交差点あり … 11
- 出国・入国審査 … 29、33
- 出発ロビー … 29、32
- 初心者マーク … 5、7、17
- 女性専用車のステッカー … 19、25
- 新幹線 … 23、37
- 信号機あり … 11
- 身体障がい者マーク … 17
- スカイマークのマーク … 29、33
- すべりやすい … 11
- 税関／保安検査 … 29、33
- 全日本空輸（ANA）のマーク … 28、31
- 総合案内所 … 29、30
- 速度制限の標示 … 5、15

ソラシドエアのマーク …………… 33

た

タクシー乗り場 ………… 18、21、29
脱出時ハイヒール・手荷物禁止 …… 35
地下鉄の表示 …………………… 23
駐車禁止 ………………………… 5、6
聴覚障がい者マーク ……………… 17
鉄道・駅の案内標識 ……………… 26
鉄道会社のマーク …………… 19、20
手荷物受取所 …………………… 33
転回禁止 …………………………… 9
展望デッキ …………………… 29、30
ドア警告灯 ……………………… 17
トイレ ………………… 19、21、29
動物が飛び出すおそれあり ……… 11
道路工事中 …………………… 11、36
都道府県道番号 ………………… 13
止まれの道路標示 ……………… 15

な は

日本航空（JAL）のマーク …… 28、33
燃料警告灯 ……………………… 16
乗合自動車停留所 ……………… 27
乗りつぎ ………………………… 33
ハイビーム ……………………… 17
ハザードウォーニング ………… 17
ハチの色 ………………………… 10
引きこまれ防止ステッカー … 18、25
非常口のマーク ……………… 35、36
非常駐車帯 ……………………… 14

非常停止ボタン ………………… 25
非常電話 ………………………… 14
踏み切りあり …………………… 10
ブレーキ警告灯 ………………… 17
ベビーカーマーク …………… 18、21
方向指示器 ……………………… 17
ホームドアの注意ステッカー … 18、19、25
ホーン …………………………… 17
歩行者横断禁止 …………………… 9
歩行者専用 ……………………… 5、8
ホテル案内 ……………………… 33

ま や ら

待合室 …………………………… 23
待ち合わせ場所 ……………… 29、33
みどりの窓口 ………………… 19、20
免税店 ………………………… 29、31
目的地への方向と距離 ……… 27、37
優先席のステッカー ………… 18、25
横風注意 ………………………… 11
離着陸時の電波発信禁止 ……… 35
両替サービス ………………… 29、31
レンタカー ……………………… 33
路線バス等優先通行帯 ………… 4、6
路面電車停留所 ………………… 27

イラスト	どいまき
装丁・本文デザイン	倉科明敏（T.デザイン室）
企画・編集	渡部のり子・山崎理恵（小峰書店） 常松心平・鬼塚夏海（オフィス303）
協力	古谷成司（千葉県富里市教育委員会） 古谷由美（千葉県印西市立小倉台小学校） 公益財団法人エコロジー・モビリティ財団 東京都建設局道路管理部 日本空港ビルディング（株）
取材・写真協力	道の顔・標識写真館 道路標識と信号機の森

さがしてみよう！ まちの記号とマーク❸

交通の記号とマーク

2017年4月5日　第1刷発行　　2019年9月10日　第3刷発行

編・著	小峰書店編集部
発行者	小峰広一郎
発行所	株式会社小峰書店 〒162-0066 東京都新宿区市谷台町 4-15 TEL 03-3357-3521　FAX 03-3357-1027 https://www.komineshoten.co.jp/
印　刷	株式会社三秀舎
製　本	小髙製本工業株式会社

© Komineshoten 2017 Printed in Japan　　NDC 801　43p　29 × 23cm　　ISBN978-4-338-31003-1

乱丁・落丁本はお取り替えいたします。
本書のコピー、スキャン、デジタル化等の無断複製は著作権法上での例外を除き禁じられています。本書を代行業者等の第三者に依頼してスキャンやデジタル化することは、たとえ個人や家庭内での利用であっても一切認められておりません。

くらべてみよう そっくりマーク

すべりやすいので注意
こおりやすい道路などにある、注意マークだよ。

タクシー乗り場
タクシー乗り場のマークだよ！駅前によくあるね。

レンタカー
レンタカーの受付だよ。空港などで見かけるよ。

段差に注意
気づきにくい段差に、注意してもらうためのマークだよ。つまずかないよう、注意！

広域避難場所
災害のときのみんなの避難場所だよ。学校や公園が多いよ。

非常口
建物の中にある非常口を案内するよ。このマークをめざしてにげよう！

病院（地図記号）
病院を表す、地図上の記号だよ。国立や県立の病院をしめす記号だよ。

待合室
電車やバスを待つための場所だよ。いすがおいてあるから、すわっていられるよ。

ミーティングポイント
だれかと待ち合わせをするのに、おすすめの場所だよ。空港などで見られるよ。

病院（新・地図記号）
外国の人にもわかりやすいように、2016年に新しくつくられた地図記号だよ。